UN MOT

A LA

RENOMÉE.

Intendite omnes.

Venez pour m'entendre.

MARSEILLE.

Février 1820.

UN MOT

A LA

RENOMÉE.

L A Renomée a étalé dans son Journal, du 4 janvier, sous le titre *d'aménités monarchiques.* « *Les idées* » *libérales expliquées.*» Je regrete que l'auteur ait gardé l'anonyme.

Voici comme s'exprime cette Renomée.

« Chaque livraison du Code des
» honnêtes gens, nous révèle les doux
» sentimens de MM. de Castel-Bajac,
» de Salabery , Fievée , etc. Leurs
» plumes trempées dans le lait et le
» miel, distillent ces expressions affec-
» tueuses auxquelles les cœurs les plus
» récalcitrans ne sauraient résister. Mais
» voulez-vous mieux encore ? Lisez les
» idées libérales expliquées par M.^{r}
» Dematty, de l'Ordre Royal et Mi-
» litaire de St.-Louis, imprimées à
» Marseille, chez Dubié : jamais l'es-

(4)

» prit , la raison et le bon goût des
» conservateurs en chef , n'ont em-
» prunté un langage plus séduisant ,
» un ton plus persuasif. Entre tant
» d'aménités que renferme ce petit ou-
» vrage du noble Chevalier, quelques
» unes se distinguent par l'onction de
» la pensée et le charme de la phra-
» se , etc. »

Il est indécent que l'on ait défiguré
mon écrit par des additions et par
des omissions. Je relève le gant qui
m'est jeté , et je le releverai dans toutes les circonstances.

J'ai donc attaqué au vif, puisqu'on
se montre si sensible ; je le savais
d'avance.

Je me dois de faire connaître dans
quel esprit j'ai écrit. Je viens pré-
senter le début de mon ouvrage ; je
serai jugé , vous le serez aussi , ou
plutôt , vous l'êtes depuis long-tems.

« Français , soyez assez sages pour
» mettre à profit les cruelles épreuves
» que vous avez faites , et sachez , dé-
» sormais , vous garantir des nouvelles
» catastrophes qu'entraîneraient de nou-
» veaux troubles. Ce n'est point la

» haine des pauvres contre les riches
» que je viens exciter et sonner le
» tocsin de l'anarchie. Cette opinion
» n'a rien qui ressemble à ma pen-
» sée , l'on doit, au contraire, regar-
» der mes pronostics comme des avis
» salutaires.

» Que les riches de la révolution ne
» se le dissimulent pas. Le peuple a
» ouvert les yeux. Il reconnaît qu'il
» a été victime de la cupidité des uns
» et de l'ambition des autres. Mais
» ceux-ci ont tous les moyens de pré-
» venir tous les désastres qui leur ar-
» riveraient en foule ; et tous ces mo-
» yens se réduisent à un seul point , LA
» LÉGITIMITÉ , L'AMOUR DE LA LÉGITI-
» MITÉ. Le jour où il serait porté at-
» teinte à ce principe sacré, serait
» pour eux, une nuit éternelle, qu'au-
» raient précédé les fureurs d'un peu-
» ple trop long-temps abusé , et qui
» assouvirait son ressentiment, etc. »
Pouvais-je m'annoncer avec des pa-
roles plus satisfaisantes, plus rassu-
rantes ? Rien , dans mon écrit ne peut
être détaché ni envisagé isolement.
C'est une chaîne immense dont les

anneaux séparés offrent des formes épouvantables, mais dont l'ensemble présente un port assuré contre les tempêtes politiques qui nous ont si long temps bouleversés; et ce port, vous le trouvez dans LA LÉGITIMITÉ, DANS L'AMOUR DE LA LÉGITIMITÉ.

J'impose, dans le moment, un frein à mes refléxions sur les citations faites dans la renomée.

« Songez bien (c'est aux souverains
» que parle M.ʳ Dematty,) que la
» philosophie épie vos démarches, vos
» actions, vos moindres discours ; et
» que ses fourneaux sont nuit et jour
» enflammés pour tirer·à boulets rou-
» ges sur la légitimité des trônes. »
Voici ce passage tel qu'il est dans mon écrit.

« Songez que cette philosophie,
» votre ennemie implacable, avide
» d'armer l'opinion contre vous, épie
» vos démarches, vos actions, jusqu'à
» vos moindres discours, et que ses
» fourneaux sont nuit et jour enflam-
» més pour tirer à boulets rouges,
» sur la légitimité des trônes. »
Pourquoi la Renomée a-t-elle tron-

qué ce passage ? Pourquoi a-t-elle mis *la philosophie* pour *cette philosophie?* Pourquoi a-t-elle retranché *votre en-nemie implacable, avide d'armer l'opinion contre vous ?* A-t-elle pensé que le lecteur judicieux n'en apprécierait pas le motif.

AUTRE CITATION.

» Si le militaire Français ne respec-
» tait pas la volonté du Roi (il est
» dit de son Roi) il y a long-tems
» qu'il eut fait main-basse sur les for-
» tunes scandaleuses faites aux prix de
» son sang. Le peuple comme l'armée
» sont indignés du rôle qu'on leur a
» fait jouer. Ils ont raison de nourrir
» leur ressentiment et de n'aspirer qu'a-
» près le moment qu'ils feront justice
» de leurs bourreaux. »

M.^r *le Chevalier ne nous prend pas en traitre.* (reflexion de la renommée.)

Quoi ! Ils s'assimilent à des bour-reaux ; quelle ingénuité !

Revenons à ce passage que voici littéralement.

» Qu'ils n'espèrent pas d'avantage de
» trouver l'armée disposée à les secon-

» der dans leur tentative d'insurrection,
» Si le soldat fut égaré, c'est parce
» que des chefs corrompus trompèrent
» sa crédulité. Les soldats comme les
» chefs d'aujourd'hui, sont également ja-
» loux de prouver au Roi qu'ils sont di-
» gnes de sa confiance et de son amour,
» En définitif, qu'a gagné le soldat de
» prêter l'oreille aux perfides discours
» des ennemis du Trône? Sur un qui
» est parvenu, des milliers d'hommes
» ont péri. Pour qui tant de sang a-
» t-il été versé ? Pour enrichir un ra-
» massis de brigands qui ne virent la
» Patrie que dans la faculté qu'ils
» ont eu de voler impunément la for-
» tune publique. Qu'est devenu ce
» milliard promis aux troupes, aux
» premiers jours de notre affreuse révo-
» lution ? N'est-ce pas la famille du
» Tyran, les Cambacérés, les Regnault,
» les Merlin etc. etc. qui se le sont
» divisés. Qu'en est-il resté aux troupes?
» Des bras et des jambes de moins,
» et d'être toujours soldat. L'armée
» est révoltée d'avoir servi, pendant
» vingt-cinq ans, de marche-pied à
» ce que la France a eu de plus vil

» et de plus impur; et si le militaire
» français ne respectait pas la volonté
» de son Roi ; s'il n'avait pas en par-
» tage les sentimens d'honneur qui
» l'animent, il y a long-tems qu'il eut
» fait main-basse sur ces fortunes scan-
» daleuses, faites au prix de son sang.
» Cet événement sera inévitable, si de
» nouveaux troubles viennent encore
» nous agiter. Le peuple comme l'ar-
» mée sont indignés du *rôle* qu'on leur
» a fait jouer; ils ont raison de nour-
» rir leur ressentiment et de n'aspirer
» qu'après le moment qu'ils feront jus-
» tice de leurs bourreaux. Vit-on ja-
» mais une Nation avoir été, comme
» le Peuple français, si cruellement
» le jouet d'une poignée de brigands
» qui regorgent d'or et de richesses qu'ils
» ont volées, tandis que ce pauvre peu-
» ple est accablé par la plus profonde
» misére. »
Pourquoi tant d'omission dans cet
article qui concerne le militaire, si
ce n'est pour l'éloigner de lire les idées
libérales expliquées? On redoute qu'il
ne se pénétre des grandes vérités que
cet écrit renferme; on redoute que le

militaire n'ouvre à la fin les yeux, et qu'il ne reconnaisse *qu'en effet il n'a versé son sang que pour enrichir un ramassis de brigands qui ne virent la patrie que dans la faculté qu'ils ont eu de voler impunément la fortune publique.* ......
Je m'arrête ...... Mais le dois-je, lorsqu'il s'agit de la cause des braves? Le dois-je, lorsque la plus odieuse calomnie m'assimile à des personnages qu'ils désignent comme des assassins? Les assassins sont ceux qui ont égorgé l'infortuné Louis XVI, l'infortunée Marie Antoinette; l'infortunée madame Elizabeth; le pauvre enfant à qui nous prodiguerions tout notre amour. Les assassins sont ceux qui ont égorgé un million de français pour voler leur or et leurs richesses.

Je déplore les malheureux événemens de 1815. Si j'eusse été sur les lieux, j'aurais voulu servir de bouclier à tous ceux qui ont succombé. Rien, sans doute, ne peut justifier celui qui tue son semblable; mais, encore, fallait-il dire que pendant les cent jours, on était à la chasse, dans les département du Gard, de Vaucluse et des

Bouches-du-Rhône, des volontaires de l'armée du Duc d'Angoulême qui retournaient dans leurs foyers sur la foi des traités, comme s'ils eussent été des bêtes féroces. Mais, encore, fallait-il dire que, pendant les cent jours, on avait assassiné les royalistes à Montpellier, qu'on les avait sabré à Marseille et tiré sur le peuple : quand on parle à charge, il faut être assez juste pour parler à décharge, ou bien l'on n'est plus que de vils calomniateurs. Vous demandez justice des meurtres commis après les cent jours; demandez également justice des meurtres commis pendant les cent jours; des vexations, des persécutions commises pendant les cent jours; et il y aura toujours une différence, c'est que pendant les cent jours on fut les agresseurs, les persécuteurs et les provocateurs à la vengeance. Je ne justifie pas, pour cela, les excès qui ont été commis, encore une fois, je les déplore.

A-t-on-vu, au premier retour du Roi, lorsque les royalistes avaient tant d'avantages, les a-t-on-vu chercher à se venger ? ils avaient pourtant éprouvé

les plus grands outrages. . . . .
ils oublièrent tout ; que dis-je ! ils vous
ouvrirent leurs bras ; ils vous reçurent
avec joie ; ils vous invitèrent à parta-
ger leur allegresse. Qui pouvait leur
commander tant de grandeur d'ame et
de générosité ? La religion d'abord, et
leur amour pour notre Roi, pour sa
dynastie qui nous prescrivent l'oubli de
nos ressentimens, l'oubli du passé, et
la concorde. Qui a rompu cette har-
monie ? Les traîtres des cent jours.
Qui prolonge nos angoisses politiques?
D'infames écrivains qui conspirent contre la légitimité qu'ils ont en aversion.

Cette prétendue terreur de 1815 fut
donc l'effet d'une vengeance locale et
qui fut provoquée. Elle dura un jour,
et elle dura un instant de trop. C'est
beaucoup dire de supposer que tren-
te individus ayent péri. Mais la san-
glante terreur de 93 fut l'ouvrage de
vos épouvantables loix. Elle plana sur
toute la France ; les échafauds furent
en permanence dans toute la France ;
le sang des Français inonda toute la
France. Les bourreaux fatigués d'égor-
ger trouvèrent plus expédient de fu-

siller en masse, de mitrailler en masse, de noyer en masse, de massacrer dans les prisons en masse ; et pour se delasser de leurs sanglants travaux, ils imaginèrent de se donner le spectacle des mariages républicains, dont le souvenir fera, à jamais, frémir la nature. Un million de victimes ont terminé, dans cet affreux carnage, l'espace de leur vie. Viellards, femmes, enfants voilà quelles étaient les victimes de prédilection. Nous gémissons des malheurs de 1815 ; mais on n'a pas volé les biens de ceux qui ont péri, tandis qu'en 93 on n'immola tant de victimes que pour ravir leurs fortunes.

Osez encore mettre la prétendue terreur de 1815, qui fut provoquée, à l'instar de l'épouvantable terreur de 93 qui plana sur toute la France des années entières qui furent, pour tout un peuple, des siècles d'horreur.

Je passe sous silence nos temples profanés ; nos prêtres massacrés sur les marches des autels ; l'image de la croix remplacée par une vile prostituée, à peine vétue ; vos adorations à ce culte d'abomination ; l'asile de nos vierges

forcé , et livrées à toutes les fureurs
des vandales . . . . . . puis égorgées.
Je passe sous silence la glacière d'A-
vignon ; Bedoin cerné et livré aux flam-
mes; vingt départemens dans la Vendée
incendiés ; les enfants écrasés dans le
berceau et portés au bout des bayon-
nettes ; l'impudicité la plus horrible
outrageant les morts. Je passe sous silence ces scènes affreuses où l'on vit
des femmes boire le sang des victimes
qu'elles égorgeaient, se disputer la honteuse gloire de défigurer le sexe des
cadavres; faire trophée de porter sur
leurs poitrines . . . . . . pudeur tu me
fermes la bouche. Je passe sous silence que les monstres furent dans les
tombeaux troubler la triste solitude des
morts , pour leur disputer quelques
matières de plomb que la pitié des
familles leur avait accordées pour leur
sépulture. L'univers épouvanté fut té-
moin de ces horribles forfaits et en
frémit encore,

Devait-on m'obliger de dérouler cet
affreux tableau dont tous les caractè-
res sont imprimés sur leurs fronts.

» On ne peut (dit la Renomée)

» se méprendre sur les militaires à qui
» M^r. Dematty adresse sa pieuse exhor-
» tation. Il s'agit de ceux qui ont eu
» l'honneur de combattre et de vaincre
» à Marseille, à Nîmes, à Avignon, etc.

Voilà les calomnies qu'on voudrait persuader au militaire pour l'éloigner de lire LES IDÉES LIBÉRALES EXPLIQUÉES, afin de se garantir de son indignation. Les militaires dont je plaide la cause dans mon écrit, ce sont les braves qui ont traversé la révolution et qui, pendant vingt cinq ans, ont étonné l'univers par leur valeur. Vous devez aux flots de sang qu'ils ont versés si généreusement, ce torrent de gloire dont la France s'est couverte. Vous devez à leurs nobles cicatrices votre salut....... Vous leur devez de posséder tranquilement vos fortunes scandaleuses faites au prix de leur sang.

C'est à vous, militaires français, à qui je m'adresse, parce que les braves se respectent et s'estiment toujours. C'est dans vos réflections que j'ai puisé les miennes : c'est dans les gémissemens des veuves et des orphelins des défenseurs de la patrie. Avec eux, j'ai déploré nos égaremens ,et les cruelles suites de notre épouvantable révolution ; avec eux, j'ai déploré l'infortune que les révolutionnaires, gorgés d'or et de richesses, leur reservaient ; et si je reçus de la nature de rendre des cris plus aigus, on voudrait que l'humanité entière fut insensible, et que les cris de la douleur fussent des cris féroces.

Braves militaires, je vous livre mes opinions; c'est à vous seuls qu'appartient de faire, de mes sentimens, justice. Mon indignation n'a pu se contraindre. J'ai du écraser le reptile qui m'a lancé son dard. Eh ! quel est celui de vous qui n'eut pas renvoyé les traits qui m'ont été lancés, et avec plus d'indignation encore.

Dans l'article qui suit, rapporté par la Rénomée, l'auteur décèle tout ce tout ce que la perfidie a de plus odieux.

» Lâches satellites des sélérats dé-
» portés, (s'écrie-t-il avec une sainte
» fureur, qui sied si bien aux cœurs dé-
» vots), dissuadez-vous de soulever le
» peuple en le réduisant, par la famine,
» au désespoir. S'il se soulevait, ce

» serait pour vous écraser, et jusques
» sur le sein de leurs mères, vos en-
» fans seraient exterminés, afin que
» votre race odieuse disparaisse de la
» surface de la terre. »

» Le zèle de la maison du Seigneur
» (c'est la Rénomée qui parle) trans-
» porte, peut-être, cet honnête hom-
» me un peu au delà des bornes, et je
» serais tenté de lui demander grâce
» pour les enfans sur le sein de leurs
» mères, mais il ne veut pas y revenir
» à deux fois, et puisqu'il est en train
» d'exterminer, autant vaut-il en finir
» par un massacre général, et ne pas
» laisser derrière soi des enfans ex-
» posés à devenir un jour des libéraux.»

Je n'ai pas besoin de faire de grands
efforts pour tourner contre les mé-
chants les armes avec lesquelles on a
cru me vaincre. Ce qui me décourage,
c'est d'envisager que je ne remporterai
qu'une honteuse victoire.

Voici l'article tel qu'il est dans LES
IDÉES LIBÉRALES EXPLIQUÉES.

» Lâches satellites des scélérats dé-
» portés, dissuadez-vous d'armer le
» peuple en le réduisant par la famine

3

» au désespoir, et qu'avec lui vous
» consommerez les forfaits que vous
» méditez ? S'il se soulevait, ce serait
» pour défendre son Roi et ses Princes
» qui sont pour lui des bons pères,
» lorsque vous n'êtes que ses bour-
» reaux. S'il se soulevait, ce serait pour
» vous écraser, et jusques sur le sein
» de leur mères vos enfans seraient
» exterminés, afin que votre race odieu-
» se disparaisse de la surface de la
» terre. Ces brigands ne peuvent en-
» durer l'autorité légitime, parcequ'elle
» est un frein à leurs débordemens,
» à leurs projets de vol et de rapine.
» Ils ont trop abusé de notre pa-
» tience, elle est épuisée. Le peuple
» n'est plus la dupe de leurs manœu-
» vres, depuis long tems ils sont si-
» gnalés dans son opinion, comme les
» fleaux de la société, comme les
» auteurs de tous ses maux. »

Mais, enfin, pourquoi tant d'omission dans cet article ? Pourquoi s'est-
on acharné à défigurer mon écrit ?
Je le repéte, *rien*, *dans mon écrit, ne
peut être détaché ni envisagé isolément.*
N'est-il pas vrai que le sublimé est

employé dans les remèdes ; si vous vous arrêtez au mot sublimé , vous allez vous récrier que le médecin veut empoisonner son malade. Mais si vous observez que l'efficacité du reméde dépend de l'amalgame du sublimé , vous applaudissez le médecin qui en fait usage. C'est l'esprit de mon écrit qu'il fallait rendre et non la lettre. L'esprit de mon écrit retrace les maux qui sont venus fondre sur nous , pour en éviter le retour. Il signale les fac-tieux pour les observer , et se tenir sur ses gardes. Il s'adresse particulié-rement à ceux à qui la révolution a été favorable pour les prévenir , et combien le moindre trouble leur serait funeste , parce que le peuple et l'armée reconnaissent aujourd'hui qu'ils ont été indignement abusés.

En un mot , si la lettre de mon écrit montre un abîme effroyable , l'esprit rassure et donne tous les moyens de s'en garantir ; et ces moyens, je l'ai dit . c'est L'AMOUR DE LA LÉGITIMITÉ.

Lorsque l'épouvantable révolution se montra , et que son aurore ensan-glantée consterna nos regards , nous ,

fidèles à la Monarchie, nous annonçames les horreurs qui en ont été les
suites. Nous annonçames que des flots
de sang submergeraient la France.
Aurait-on l'impudeur de dire que ceux
qui annoncèrent ces horreurs, les ont
commises, tandis qu'on les a assassinés ?
Aurait-on l'impudeur de dire que ceux
qui annoncèrent que des flots de sang
submergeraient la France, ont dichiré
les flancs de leur concitoyens, lorsqu'ils
ont été au nombre des victimes que
les montres ont égorgées ? Aurait-on
l'impudeur de dire que ceux qui annoncèrent que les propriétés seraient
envahies, ont ravi les biens d'autrui,
lorqu'ils sont eux-mêmes dépouillés ?
Depuis seize mois que LES IDÉES
LIBÉRALES EXPLIQUÉES ont paru et que
tout le midi en est plein, où sont les
troubles qui se sont manifestés ? Où
sont les français assassinés ? Les femmes
égorgées ? Les enfans exterminés sur
le sein de leurs mères? Répondez lâches
calomniateurs ? Quoi! lorsque j'ai voulu vous épargner d'entendre les igno-
minieuses expressions qui sont dans la
bouche du peuple contre les factieux;

en les présentant d'une manière moins dégoutante : quoi ! lorsque je vous peins les maux affreux dont vos systèmes nous menacent, pour les éviter, et que je vous donne des avis salutaires, vous voudriez me supposer un caractère de férocité qui appartient uniquement aux ennemis de la légitimité. Faut-il donc que je vous fasse entendre avec quelle fureur le peuple s'exprime quand il parle des factieux ? (Et il en parle sans cesse) ils en frémiraient d'épouvante.

Ce que j'ai dit dans LES IDÉES LIBÉRALES EXPLIQUÉES ne s'adresse qu'aux ennemis de la légitimité. Ce que dit le peuple ne s'adresse également qu'aux ennemis de la légitimité. Attaquer les opinions du peuple et celles que j'ai manifestées, c'est se déclarer les ennemis de la légitimité.

Il n'est que trop vrai qu'elle en a d'implacables. LES IDÉES LIBÉRALES EXPLIQUÉES les ont déconcertés, l'effet qu'elles ont produit sur le peuple et sur l'armée les effraye. Ils ont imaginé de détruire cet effet en dénaturant mon écrit. Vain espoir ! LES IDÉES LIBÉRALES EXPLIQUÉES se repandront

partout ; partout elles seront imprimées ;
elles deviendront , pour le peuple et
pour le soldat , leur évangile politique.

Savez-vous ce qui vous garantit du
ressentiment du peuple et du soldat ?
C'est l'amour qu'ils ont pour le Roi ,
qu'ils craindraient d'affliger en manifes-
tant le moindre sentiment de haine.
Avec la légitimité , vous êtes assuré de
jouir paisiblememt de vos fortunes,
de quelque manière que vous les ayez
acquises. Avec la légitimité , vous n'avez
à craindre aucun ressentiment , elle a
désarmé la vengeance. Ah ! le jour
où elle succomberait , verrait fondre
sur nous des horreurs inimaginables.
Plus de retenue pour les ressentimens;
plus de frein pour la vengeance ; plus
de fortune, plus de propriété respec-
tée ; plus de sûreté. Eh ! qui pourrait
contenir ce peuple à qui vous avez
l'imprudence de prêcher qu'il est souverain. La moindre résistance produi-
rait sur lui l'effet de l'esprit de vin
jeté dans une fournaise.

» Si je suis souverain, vous dirait
» avec raison ce peuple, je ne dois
» connaître que ma volonté. Si vous

» prétendez la contraindre, vous usur-
» pez ma souveraineté, et vous montrez
» que vous n'avez entendu vous en
» servir que comme un instrument,
» pour assouvir vos projets d'ambi-
» tion et de cupidité; vous êtes donc
» des monstres qui avez abusé de no-
» tre crédulité; qui avez trompé no-
» tre crédulité. Nous allons vous faire
» expier, par la mort la plus cruelle,
» votre perfidie et votre trahison, et
» périra, comme vous, qui, comme
» vous, voudrait usurper la souverai-
» neté du peuple. »

Voilà les terribles conséquences que
vos systêmes appèlent sur vous; elles
seront inévitables. Toutes vos précau-
tions, tous vos moyens pour vous en
garantir, se perdront en d'inutiles efforts. Vainement, opposeriez – vous
toutes vos théories; Mercier y a ré-
pondu, lorsque déplorant les horreurs
de la révolution, pour laquelle il
avait été si ardent, il disait, en gé-
missant: NOUS, GENS D'ESPRIT, NOUS AVONS
VOULU OPINER DE LA TÊTE ET LE PEUPLE
A OPINÉ DES BRAS.

Et bien, ce que le peuple a fait,

le peuple le fera toujours. Que dis-je!
c'est vous qui lui aurez donné des
armes contre vous ; c'est vous qui l'aurez autorisé à vous dire. « De quel
» droit vous êtes vous révoltés contre
» les loix d'après lesquelles les Bour-
» bons nous gouvernaient ? N'est - ce
» pas par le droit du plus fort ? A
» notre tour nous usons du droit du
» plus fort pour nous soulever contre
» les loix que vous prétendez nous
» imposer. »

Songez à la morale prêchée en
Suisse par une Krudner ; songez qu'elle
a dit, *que la fortune des riches était
une usurpation du patrimoine des pauvres.*

Songez qu'elle a dit, *que les riches
étaient les ennemis des pauvres.* Consi-
derez que cette affreuse morale est
prêchée en Angleterre parmi les Spen-
céens ; en Italie parmi les Carbon-
neris ; en Allemagne parmi les Teu-
toniens. Qui vous dit que ces principes désastreux ne trouvent pas des
prosélites en france, et que, tous ceux
qui ont quelque fortune ne soient
pas des victimes déjà signalées pour

s'emparer de leurs dépouilles ? L'erreur la plus funeste dans laquelle vous puissiez tomber, ce serait d'imaginer que vous serez les maîtres de désarmer le peuple après l'avoir armé. Ah ! désabusez-vous...... craignez plutôt qu'il n'attende avec impatience le moment où de troubles viendraient à éclater pour parvenir à s'armer. Malheur à qui sera riche, ou qui aura l'apparence de l'être ! ce n'est point lorsque la désolation sera à son comble, et que la guerre civile portera par-tout le fer et la flamme qu'il sera tems de déplorer nos fureurs. Ce n'est point lorsque nos campagnes seront dévastées, nos habitations brûlées, nos villes incendiées, nos femmes et nos filles avilies..... N'oubliez pas que, pendant les cent jours, les fédérés ont plus causé de maux et fait plus d'outrages que les troupes étrangères; ils étaient cependant français. Telles sont les suites horribles des guerres intestines.

Si la légitimité a ses ennemis, elle a aussi ses soutiens, et nous avons pour nous *Dieu et l'honneur*. Ce n'est pas

dans le midi qu'on la verrait aban-
donnée. De Marseille à Bordeaux, il
n'y a qu'un cri, Vive le Roi, vivent
les Bourbons, Vive la légitimité. Au
premier signal nous nous leverons et
nous marcherons à sa défense, et comme dans la Vendée, Il n'y aura parmi
nous, ni vieillard, ni femme, ni enfant.

Je me suis fait violence ; je pou-
vais combattre vos opinions avec des
armes bien plus formidables. C'est
alors que vous eussiez frémi devant
votre systême de la Souveraineté du
peuple, en maudissant votre ouvrage.
Puissiez-vous apprécier mon silence !
et vous reconnaîtrez que je suis, plus
que vous, l'ami de l'ordre ; plus que
vous, l'ami de la tranquillité ; plus que
vous l'ami de mes semblables et de
l'humanité.

Vous colorez vos principes de bou-
leversement et de destruction sous les
apparences du bonheur social ; sous
les apparences de faire participer le
genre humain aux bienfaits que vient
apporter le siècle des lumières. Eh !
qui sont ceux qui parlent de ce siècle
des lumières ? Les uns ont été régici-

des, brigands, assassins, voleurs, bourreaux, spoliateurs des biens des Hospices, spoliateurs des biens de la veuve
et de l'orphelin ; les autres alléchés par
les fortunes scandaleuses qu'ils ont accumulées, et dévorés, comme eux,
de cupidité, ont dévancé, par l'intention, l'action d'être des régicides, et
ont, dans les cent jours, proscrit à
jamais les Bourbons . . . . . ; d'autres,
d'une autre espèce, voyant que l'audace à tenu lieu de mérite, et que,
le chaos de la guerre avait été son
triomphe, regrettent que l'humanité
et la justice ayent dissipé ce chaos.
Mais dans tous ces systêmes, où est
le bien qu'on a fait au peuple, je ne
vois que sa misère.

Osez démentir les faits que j'avance ?
Aussitôt je déroule les pages sanglantes de l'histoire de vos crimes. Osez
dire que vous nous apportez les bienfaits du siècle des lumières ? Aussitôt
je déroule les pages sanglantes de
l'histoire des forfaits du siècle des lumières, et je démontrerai à l'univers
que vous n'êtes que de vils sycophantes
dévorés de la soif de notre sang et de
nos dépouilles.

Vous croyez en imposer lorsque, pour cacher les fureurs que vous préméditez, vous parlez de l'inviolabilité de la royauté et de la constitution. Pensez-vous que nous n'ayons pas remarqué que le mot sacré de la légitimité n'est jamais sorti spontanément de votre bouche ; et que, lorsque vous avez été interpellé, vous avez éludé de répondre, en disant qu'elle était sous entendue dans la constitution, et qu'au nom de cette légitimité, vous éprouvez toutes les horreurs des hydrophobes à la vue de l'eau.

Mais de quel œil les Souverains verraient-ils la légitimité de nouveau attaquée ? Sans être appelés, ils voleraient à son secours avec des armées innombrables. La cause d'un Roi contre qui des factieux se souleveraient, devient aujourd'hui la cause de tous les potentats de l'univers, à moins qu'ils ne veuillent être égorgé sur les marches de leurs trônes. Reffléchissez qu'à la troisième fois il n'y aurait plus de grâce ni de commisération pour les factieux.

Je n'ai jamais eu la prétention que

LES IDÉES LIBÉRALES EXPLIQUÉES fissent époque. Si je puis avoir quelque mérite, c'est de n'avoir pas craint de me manifester lorsque la plume des défenseurs de la monarchie était enchaînée, et de les avoir dévancé. Mais depuis les réflexions que mon écrit renferme, que d'événemens justifiés ! que de leçons données ! faut-il que le craquement de la chûte des trônes avertisse les Souverains !

DEMATTY.

POST-SCRIPTUM.

J'AVAIS concentré mon indignation; je me trouvais assez vengé par les marques de mépris que je donne à un anonyme calomniateur, et j'avais quitté la plume. Mais je viens d'être blessé au cœur de la manière la plus cruelle,...... un assassin !..... un infâme assassin, vient de détruire l'objet de notre amour et de nos espérances !....Français ! LE DUC DE BERRI est tombé sous les coups d'un monstre !....,Libéralisme ! voilà ton ouvrage..... Libéralisme ! voilà tes forfaits qui prennent leur essort. C'est par de tels attentats que la philosophie de ce siècle a préludé pour commettre de crimes innombrables. C'est ainsi que cette infâme philosophie , qui s'est déguisée sous la masque du libéralisme , a préludé nos malheurs en assassinant l'infortuné LOUIS XVI ET SA MALHEUREUSE FAMILLE.

Ma pensée est absorbée ; mon imagination se tarit à l'aspect des horreurs dont nous donnons , depuis 3o ans , le hideux spectacle au monde. Faut-il que j'aie la douleur de voir s'accomplir ces sanglantes catastrophes que j'ai annoncées dans les IDÉES LIBÉRALES EXPLIQUÉES, et qu'aucun des moyens que j'ai indiqué n'ayent été pris en considération pour les prévenir. Il est si facile d'assurer le repos de l'Europe , qu'il est inconcevable que cette pensée soit encore à venir.

DE MATTY.

A Marseille , de l'Imprimerie de DUBIÉ , Rue de la Loge , N.° 15.